# MINES ET CONFLITS EN REPUBLIQUE DEMOCRATIQUE DU CONGO

*Perspectives d'une exploitation pacifique des ressources minières*

PAR KAGANDA MULUME-ODERHWA PHILIPPE
AVEC LA COLLABORATION DE ERIC KAJEMBA

# MINES ET CONFLITS EN REPUBLIQUE DEMOCRATIQUE DU CONGO

*Perspectives d'une exploitation pacifique des ressources minières*

GALDA VERLAG 2018

Bibliografische Information der Deutschen Nationalbibliothek
Die Deutsche Nationalbibliothek verzeichnet diese Publikation in der Deutschen Nationalbibliografie; detaillierte bibliografische Daten sind im Internet über http://dnb.ddb.de abrufbar.

© 2018 Galda Verlag, Glienicke
Neither this book nor any part may be reproduced or transmitted in any form or by any means electronic or mechanical, including photocopying, micro-filming, and recording, or by any information storage or retrieval system, without prior permission in writing from the publisher. Direct all inquiries to Galda Verlag, Franz-Schubert-Str. 61, 16548 Glienicke, Germany

**ISBN 978-3-96203-025-4 (Print)**
ISBN 978-3-96203-026-1(Ebook)

# REMERCIEMENTS

Je remercie Eric KAJEMBA, le Directeur de l'Observatoire Gouvernance et Paix (OGP) pour m'avoir fait confiance dans la réalisation de cette recherche, et autorisé la publication des résultats de l'étude en dehors du cadre de l'OGP.

Je remercie tous les chercheurs et collaborateurs dans la matérialisation de cette étude : AKSANTI CHIRIBUKA Dieu-Merci (Sociologue, assistant à l'UOB) ; Anuarite BASHIZI (Economiste, doctorante à l'Université Catholique de Louvain) ; Tibère DUNIA, Justin HABINAMA MURHEBWA, Séraphin MUSHAGALUSA BUHENDWA et Joëlle BUHENDWA (chercheurs et staffs à OGP).

# TABLE DES MATIÈRES

*Remerciements v*
*Introduction xi*

## 1 CONTEXTE, OBJECTIFS, POSITION DU PROBLEME ET METHODOLOGIE

1.1 Contexte et justification de l'étude ................................................. 3

1.2 Objectifs de l'étude .......................................................................... 4

1.3 Position du problème ...................................................................... 5

Methodologie ......................................................................................... 6

## 2 CARACTERISTIQUES DEMOGRAPHIQUES DES ARTISANAUX MINIERS DE KADUMWA

2.1 Age, sexe, état matrimonial, niveau d'étude des enquêtés ............ 11

2.2 Niveau d'étude et composition des ménages ................................ 14

2.3 Milieu habité et Mobilité ............................................................... 16

## 3 DYNAMIQUE DE L'EXPLOITATION MINIERE ARTISANALE A KADUMWA ET LUKUNGURHI

3.1 Modes d'accès à l'exploitation et statuts des exploitants ................ 23

3.2 Main d'œuvre, conditions et outils d'exploitation artisanale ........ 25

3.3 Elan associatif au sein de l'exploitation artisanale d'or à Kadumwa et Lukungurhi ................................................................................ 26

3.4 Economie politique de l'exploitation artisanale des minerais dans les sites de Kadumwa et Lukungurhi ....................................... 27

## 4 DIALECTIQUE DE L'APPROPRIATION COMMUNAUTAIRE DES MINES ARTISANALES ET CONFLIT FONCIER

4.1 Lien sociologique entre les exploitants et la communauté locale . 35

4.2 Illusion professionnelle et satisfaction mitigée ............................. 37

4.3 Perception du conflit foncier avec BANRO ................................. 38

## 4 ATTITUDES ET PRINCIPALES PREOCCUPATIONS EXPRIMEES PAR LES EXPLOITANTS MINIERS ARTISANAUX

5.1 Nature du rapport entre les exploitants miniers artisanaux et BANRO CORPORATION ............................................................. 45

5.2 Préoccupations exprimées par les exploitants miniers artisanaux et la communauté locale .................................................................. 46

5.3 Attitudes face à la délocalisation et aux alternatives de réinsertion professionnelle ................................................................................. 48

## 6 POUR UNE REORIENTATION PROFESSIONNELLE DES EXPLOITANTS MINIERS ARTISANAUX DE KADUMWA ET LUKUNGURHI

6.1 Déguerpissement ................................................................. 55

6.2 Délocalisation – relocalisation ........................................... 56

6.3 Nouvelles alternatives professionnelles ............................ 57


Conclusion ................................................................................ 60

Bibliographie ............................................................................ 62

Annexes ..................................................................................... 63

# INTRODUCTION

Cette analyse est une de base sur les conflits issus de la cohabitation entre l'exploitation minière artisanale et l'industrie minière extractive menée par BANRO Corporation[1] dans la chefferie de Luhwinja à l'Est de la République Démocratique du Congo. Ainsi, cette étude constitue une base des données empiriques et un essaie d'analyse des aspects démographiques, sociologiques et économiques dans les sites d'exploitation minière artisanale de Kadumwa et de Lukungurhi.

La Chefferie[2] de Luhwinja est l'une de cinq entités coutumières qui forment le Territoire de Mwenga en Province du Sud-Kivu à l'Est de la République Démocratique du Congo. Elle s'étend sur 195 Km2 et comprend 9 groupements à savoir : Bujiri, Bwihembo, Chibanda II, Kababiole, Karhundu, Idudwe,

---

1 BANRO Corporation est une société canadienne qui extrait de l'or à l'Est de la R.D.Congo. Pour l'exploitation des mines au Kivu, elle utilise cinq sociétés de droit congolais à savoir : Twangiza mining SARL ; Kamituga mining SARL ; Lugushwa mining SARL ; Namoya mining SARL ; Banro Congo mining. Quatre de ces entreprises sont situées dans la Province du Sud-Kivu (Twangiza mining SARL, Kamituga mining SARL, Lugushwa mining SARL, et Banro Congo mining) et une seule au Maniema, Namoya Mining SARL. C'est la Société Twangiza Mining SARL qui exploite les mines d'or de Luhwinja. BANRO Corporation s'est installée dans cette entité depuis 2004.

2 Au terme de l'article 67 de la Loi organique n° 08/016 du 07 octobre 2008 portant composition, organisation et fonctionnement des Entités Territoriales Décentralisées et leurs rapports avec l'Etat et les Provinces, la chefferie est définie comme un ensemble généralement homogène de communautés traditionnelles organisées sur base de la coutume et ayant à sa tête un Chef désigné par la coutume, reconnu et investi par les pouvoirs publics. Elle est administrée conformément aux dispositions de la présente loi et à la coutume pour autant que celle-ci ne soit contraire ni aux lois, ni aux édits, ni à l'ordre public et aux bonnes mœurs.

Luchiga, Lufaha, Mulama[3] (Annexe I : carte de la chefferie de Luhwinja). D'après les statistiques réalisées en 2014 par les instances locales, la population de cette Chefferie est estimée à 93.147 habitants.

A l'instar d'autres entités coutumières de même rang, la chefferie de Luhwinja est dirigée par un chef coutumier, le Mwami. Du point de vue culturel, le peuple de Luhwinja, « Bahwinja » fait partie de l'ethnie shi (les Bashi) située dans la Province du Sud-Kivu[4]. Au courant de la dernière décennie, cette chefferie n'a pas été épargnée par les conflits armés et violences qui ont déstabilisé la Province du Sud-Kivu en particulier. De manière particulière, la Chefferie de Luhwinja s'est caractérisée par des conflits de pouvoir coutumier qui ont suffisamment effrité le tissu social[5]. L'économie de cette entité est marquée par les activités agricoles, le commerce informel à faible échelle et une intense activité minière à la fois artisanale et industrielle. C'est cette dernière dimension de l'économie de Luhwinja qui est mise en exergue dans cette étude pour mettre en lumière les compromis et les conflits entre acteurs, les équilibres et les déséquilibres dans les sites miniers artisanaux de Kadumwa et Lukungurhi en particulier et dans la communauté locale en général.

---

3 UNITE DE PILOTAGE DU PROCESSUS DSRP, Monographie de la Province du Sud-Kivu, Kinshasa, 2005, p.15.

4 A ce sujet, Bishikwabo écrit : « Le Bushi désigne donc ce territoire situé dans la sous-région (district) du Sud-Kivu, région (province) du Kivu, République du Zaïre, s'étendant au Sud-Ouest du lac Kivu sur une superficie de 4.600 km2 entre environ 2° et 2"80' de latitude sud et entre 28°20' et 29° de longitude est. Il est limité à l'Est par la rivière Rusizi, le lac Kivu et par le Rwanda, à l'Ouest par les montagnes et par le Bulega, au Nord par la rivière Nyabarongo et par le Buhavu et le Bunyakari, et au Sud par la rivière Lumvivi et par le Bufuliru. Il comprend les anciens royaumes (devenus après l'occupation coloniale chefferies et après 1972 collectivités locales) de Kabare au Nord, dont la scission a donné lieu à celui de Ngweshe au Centre, de Nindja et Kalonge au Nord-Ouest, de Burhinyi, Luhwindja et Kaziba à l'Ouest et au Sud-Ouest. Le Bushi couvre deux zones administratives (territoires) : Walungu et Kabare, plus une partie des zones de Mwenga, de Kalehe et de Bagira (Bukavu). BISHIKWABO CUBAKA « Le Bushi au XIXe siècle : un peuple, sept royaumes » in Revue française d'histoire d'outre-mer, tome 67, n°246-247, 1er et 2e trimestres 1980, p. 90.

Le contenu de ce rapport est reparti en cinq points en dehors de l'introduction et de la conclusion. Le premier point est un recadrage contextuel et du problème ainsi qu'une définition de la méthodologie. Le deuxième point retrace les caractéristiques d'ordre démographique des exploitants miniers artisanaux dans les sites de Kadumwa et Lukungurhi. Le troisième point expose la dynamique de l'exploitation minière artisanale dans les deux sites tandis que les quatrième et cinquième points discutent respectivement le lien communauté locale et exploitation minière artisanale au travers la gouvernance minière locale, le conflit foncier ainsi que les attitudes et préoccupations principales des exploitants miniers. Enfin, le sixième point développe les processus de réorientation professionnelle en faveur des exploitants miniers artisanaux.

---

5 Dans un rapport inédit réalisé par la Maison de Mines du Kivu (M.M.Ki) en mai 2015, on peut lire ce qui suit sur le conflit de pouvoir à Luhwinja : « L'arrivée de la société Twangiza Mining dans la chefferie de Luhwindja est intervenue en 2004 dans un contexte de conflit de gestion du pouvoir coutumier entre le jeune frère biologique du feu Mwami Philémon NYALUHWINJA (assassiné en France en 2000 ) et sa belle-sœur, la veuve du défunt Mwami désignée par les services étatiques comme régente pour son fils encore mineur d'âge à l'époque. Ce conflit était à la base de la division des communautés locales en deux camps. Ce conflit se trouve exacerbé du fait que le frère du Mwami ne voulait pas de la présence de la société dans le milieu alors que sa belle-sœur, régente du pouvoir, y était favorable ». Lire MAISON DES MINES DU KIVU, Evaluation des impacts des investissements miniers de Banro corporation sur les droits humains en République Démocratique du Congo. Cas de la délocalisation des communautés locales par Twangiza Mining SARL dans la chefferie de Luhwindja au Sud-Kivu, Rapport de Recherche, Bukavu, Mai-2015, p. 15

# 1

## CONTEXTE, OBJECTIFS, POSITION DU PROBLEME ET METHODOLOGIE

# CONTEXTE, OBJECTIFS, POSITION DU PROBLEME ET METHODOLOGIE

Ce chapitre circonscrit le contexte de l'étude, ses objectifs ainsi que la problématique subséquente et la méthodologie tels que définis par les termes de référence. Il explicite ainsi le cadre logique qui a guidé l'étude et pourrais justifier la validité des résultats obtenus.

## 1.1 Contexte et justification de l'étude

Le secteur minier en République Démocratique du Congo en général et au Sud-Kivu en particulier continue à susciter des discussions et actions diverses aux niveaux local, national et international. Le secteur minier au Sud-Kivu a historiquement pris plusieurs formes. Il s'observe actuellement une coexistence entre l'exploitation artisanale et l'exploitation industrielle après la forme industrielle valorisée par la colonisation et celle artisanale qui a substitué à cette dernière après la faillite des sociétés minières pendant le régime de Mobutu. Les guerres à répétition ont largement favorisé l'expansion de l'exploitation artisanale des minerais en renforçant la légitimité de ce type d'économie dans les communautés locales du Sud-Kivu.

Cependant, le retour en force de l'exploitation minière industrielle depuis une décennie, notamment avec l'implantation de la Compagnie BANRO CORPORATION étouffe l'exploitation artisanale. Ce qui entraine des tensions entre les deux exploitants dans le paysage minier du Sud-Kivu, et particulièrement à Luhwinja.

La raison d'être de cette étude est justifiée par la nécessité de comprendre les contours socioéconomiques de l'exploitation minière artisanale dans les sites de Kadumwa et de Lukungurhi à Luhwinja en lien avec l'espace et les logiques locales pour servir de base des données et d'orientation opérationnelle relatives aux processus de réorientation professionnelle des artisans miniers obligés à quitter ces sites cédés par l'Etat congolais pour l'exploitation industrielle. Concrètement, cette étude est une contribution anticipée sur la mise en ouvre des mécanismes et modalités de délocalisation - relocalisation et/ou de reconversion professionnelle des artisans miniers qui exploitent les sites miniers de Kadumwa et Lukungurhi.

## 1.2 Objectifs de l'étude

Cette étude s'est fixé un objectif général et des objectifs spécifiques. En termes d'objectif général, la recherche vise à réaliser une étude sociodémographique dans les sites miniers artisanaux de Kadumwa et Lukungurhi.

Les objectifs spécifiques sont les suivants :
- Déterminer le fondement du conflit foncier entre Banro Corporation et les exploitants miniers artisanaux de Kadumwa et Lukungurhi.
- Déterminer le volume des exploitants miniers artisanaux sur les sites de Kadumwa et Lukungurhi, leurs activités spécifiques et leurs relations.
- Etablir une configuration démographique des exploitants miniers artisanaux des sites miniers de kadumwa et Lukungurhi.
- Relever les caractéristiques sociologiques des exploitants des sites miniers de Kadumwa et Lukungurhi et leur lien avec la communauté locale.
- Identifier la perception de la communauté locale par rapport à l'exploitation des sites de Kadumwa et Lukungurhi.
- Déterminer le processus d'exploitation minière (main d'œuvre, recrutement, outils, processus de vente, les types des taxes) et les modes d'acquisition des terres à exploiter.
- Identifier les structures (organisations) qui canalisent les revendications des exploitants miniers artisanaux.
- Relever les opinions et attitudes des exploitants miniers artisanaux sur leur délocalisation, la relocalisation ou l'orientation vers d'autres emplois.

## 1.3 Position du problème

Depuis une décennie, le Gouvernement de la République Démocratique du Congo s'est engagé dans la voie de l'assainissement du secteur minier pour répondre aux besoins économiques internes et répondre aux exigences internationales en la matière. Les nouvelles dynamiques minières voudraient valoriser les opportunités qu'offre la RDC en matière d'investissement privé. L'un des préalables de cette ambition a été l'amélioration du cadre législatif et réglementaire du secteur minier congolais. Les réformes ont abouti à la mise en place du nouveau Code minier en 2002 et du Règlement minier en 2003. Cependant, les dispositions légales et réglementaires n'encouragent pas la cohabitation sur les mêmes concessions de l'exploitation artisanale et de l'exploitation industrielle. Dès lors, les deux modes d'exploitation minière semblent être en compétition sinon en conflit.

Des années avant l'implantation de BANRO CORPORATION à Luhwinja des artisans miniers dits « creuseurs » ont exploité les sites de Kadumwa et Lukungurhi. Ils y ont érigé des gisements sous forme des puits servant à l'exploitation artisanale de l'or. Ces artisans appartiennent en général à la communauté locale. Cette exploitation artisanale est ancrée dans les pratiques économiques locales, et constitue la source principale des revenus des ménages des artisans miniers, structurent les relations sociales et le rapport de pouvoir dans la communauté locale. Cependant, l'acquisition légale des concessions minières par BANRO CORPORATION pour une exploitation minière industrielle menace l'exploitation artisanale. Cette dernière doit être arrêtée dans les concessions minières de BANRO CORPORATION. Ce qui va entrainer des déséquibres sociaux et économiques dans la communauté locale de Luhwinja et dans les ménages des artisans miniers de Kadumwa et Lukungurhi. Le questionnement suscité par ces faits empiriques met en évidence d'une part, le profil sociodémographique des artisans miniers de Kadumwa et Lukungurhi, et d'autre part, les attitudes et opinions des artisans miniers par rapport à leur délocalisation-relocalisation et à leur reconversion professionnelle.

These objectives and focus have however, received quite a number of criticisms (e.g. see Widdowson, 1995; Haig, 2004; Biling 2008; Breeze, 2011).

There are three paradigms of CDA; i.e. those associated with Norman Fairclough (i.e. the dialectical-relational approach); Teun van Dijk (i.e. socio-cognitive approach); Ruth Wodak (i.e. discourse-historical approach) (for detailed description of these approaches, see, Chiluwa, 2011).

## Méthodologie

Sur le plan méthodologique, le processus de cette étude a suivi les étapes suivantes : la revue des travaux antérieurs ; l'élaboration des protocoles de recherche ; la définition du champ de recherche, de la population cible et la détermination de la taille de l'échantillon ; la collecte des données ; la systématisation et l'analyse des données ; l'élaboration du rapport de recherche

1° La revue de la littérature : Quelques travaux antérieurs (rapports, monographies) ont été exploité pour situer la pertinence de leurs problématiques ainsi que leurs orientations thématiques. Ces travaux ont fourni des renseignements divers sur la chefferie de Luhwinja et l'implantation de BANRO CORPORATION dans cette dernière entité.

2° L'élaboration des protocoles de recherche (questionnaire) : Les protocoles d'enquête ont été élaborés sur base des objectifs assignés à l'étude. Ils comportent un éventail des questions ciblées et compréhensibles aussi bien pour les interviews individuelles que pour les focus groups.

3° La définition du champ de recherche, de la population cible et la détermination de la taille de l'échantillon: Le champ d'étude arrêté est le groupement de Luciga, chefferie de Luhwinja en province du Sud-Kivu. La population cible est constituée des exploitants miniers artisanaux et leurs dépendants ainsi que la communauté.

Quant à la taille de l'échantillon, elle a été fixée à 82 sujets répartis entre les exploitants miniers artisanaux et la communauté locale. En effet, 46 puits avaient été recensés par les pré-enquêtes dans les deux sites en raison de 42 à Kadumwa et 4 à Lukungurhi. Chaque puits, unité économique et sociologique, a été considéré comme une grappe où un acteur clé a été interviewé. En plus, 36 personnes ressources ont été sélectionnées dans la communauté et parmi les dépendants[6] pour participer aux trois focus groups.

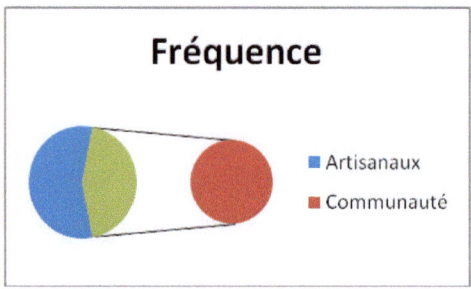

Fig. n°1 : Répartition de la taille de l'échantillon

4° La collecte des données empiriques: La collecte des données a été faite au moyen de deux outils méthodologiques à savoir : l'enquête par questionnaire et le focus group. Comme signalé pour la phase 2, il a été mis à la disposition des superviseurs et enquêteurs des protocoles de recherche (voir annexe I) pour faciliter le déroulement de l'administration du questionnaire et la conduite des focus groups. Chaque entretien d'administration du questionnaire durait entre 60-90 minutes tandis que les échanges en focus group se déroulaient entre 90-120 minutes.

5° La systématisation et l'analyse des données : Avant de procéder à l'analyse qualitative et quantitative des données grâce à l'analyse de contenu, celles-ci on été regroupées et ordonnées en dégageant les tendances et variables pertinentes qui répondent aux préoccupations de la recherche.

6° L'élaboration du rapport : Le rapport tient compte des objectifs de l'étude et des résultats attendus. Il insiste davantage sur les pratiques des acteurs dans leur manifestation réelle. Sa forme respecte les normes exigées de présentation d'un rapport de recherche.

Outre ces étapes de la méthodologie suivie, il importe de relever quelques mesures et précautions de qualité qui ont été mises en place pour garantir la fiabilité du processus suivi. Il s'agit entre autres :

Les mesures suivantes ont été appliquées pour garantir la qualité et la fiabilité des processus de collecte des données et de leur analyse.

- L'implication des superviseurs et enquêteurs dans l'interprétation des termes de référence et dans l'élaboration des protocoles de recherche.
- La saisie des données empiriques par des personnes qualifiées.
- la systématisation et l'homogénéité des procédures de saisie des données réalisée par agents expérimentés et formés
- Le recrutement des superviseurs et enquêteurs expérimentés et de niveau de formation supérieur ou universitaire.
- La formation initiale des enquêteurs et superviseurs, et le test d'application du questionnaire par des exercices de simulation.
- La combinaison de l'approche quantitative (Excel) avec l'approche qualitative (analyse de contenu) pour l'interprétation des données.

# 2

## CARACTERISTIQUES DEMOGRAPHIQUES DES ARTISANAUX MINIERS DE KADUMWA-LUKUNGURHI ET LEURS MENAGES

# CARACTERISTIQUES DEMOGRAPHIQUES DES ARTISANAUX MINIERS DE KADUMWA-LUKUNGURHI ET LEURS MENAGES

Ce chapitre développe quelques caractéristiques démographiques des exploitants miniers artisanaux dans les sites de Kadumwa et Lukungurhi. Les variables considérées sont essentiellement l'âge, le sexe, l'état matrimonial, le niveau d'étude, la mobilité, l'habitat.

## 2.1 Age, sexe, état matrimonial, niveau d'étude des enquêtés

### 1° Age

D'après l'observation, les personnes qui travaillent dans les mines artisanales sont des adultes. Leur âge varie entre 20 ans et plus de 70 ans comme l'indique la distribution ci-dessous.

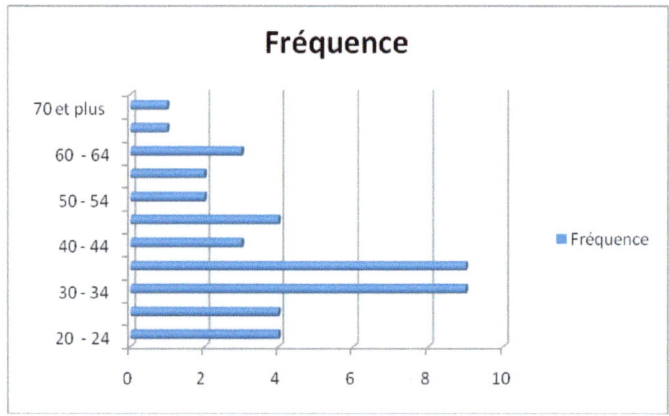

Fig.n°2 : Age des artisans miniers à Kadumwa et Lukungurhi.

Globalement, la population qui travaille dans les sites de Kadumwa et Lukungurhi est jeune. L'âge moyen est de plus ou moins 35 ans. L'on note de plus en plus l'absence des enfants qui sont directement utilisés dans les activités minières. Le pladoyer et sensiblisation menés par la société civile à ce sujet pourraient être la raison de cette prise de conscience.

**2° Sexe**

Le sexe masculin est prédominant dans l'exploitation artisanale de l'or à Kadumwa et Lushukungurhi.

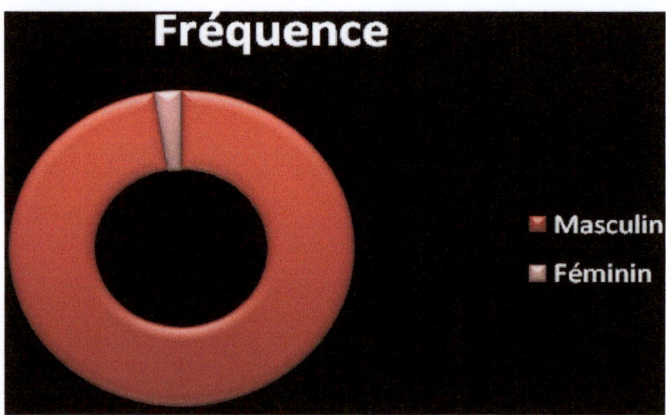

Fig. n°3 : Sexe des artisans miniers

Cette distribution statistique indique clairement une présence massive des hommes dans les mines artisanales de Kadumwa et Lukungurhi. Toutefois, il faut relever que la présence des femmes n'est pas aussi moins significative dans les activités connexes à l'exploitation (puiser de l'eau ou préparer de la nourriture pour les exploitants) comme ce s'observe sur l'image ci-dessous.

Fig. n°4 : Photo indiquant la présence des femmes sur le site minier artisanal de Kadumwa

Cette image prouve que les autres membres des familles des exploitants inclus les femmes et les enfants participent d'une manière ou d'une autre à l'activité minière tels les travaux dans les loutras, le transport de sables de puit vers les laveries participant.

**3° Etat matrimonial**

L'enquête révèle que les artisanaux miniers de Kadumwa et Lukungurhi sont mariés.

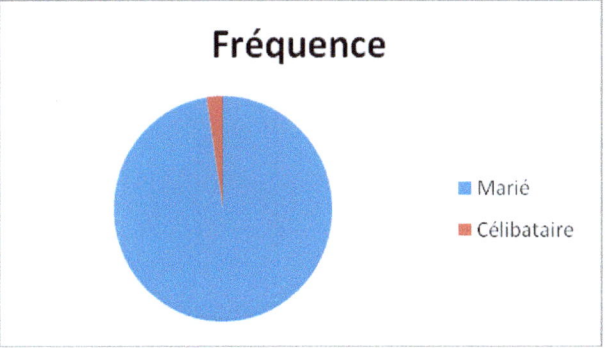

Fig.n° 5 : Etat matrimonial des enquêtés

L'âge adulte des artisanaux et les coutumes locales expliquent cette fréquence élevée des personnes mariées sur les sites de Kadumwa et Lukungurhi. Il s'observe la précocité des mariages ou des unions libres. Le mariage ici sous entend l'union d'un homme et d'une femme de manière à ce que les enfants qui naissent de la femme sont reconnus légitimes par les parents[7]. Dans le même ordre d'idées, il a été remarqué l'existence des mariages de fait et des mariages légitimes. En outre, toutes les personnes interrogées déclarent être chef de ménage. Certains chefs de ménage vivent dans un mariage pluriel avec 2-4 femmes (polygamie). Pour ces creuseurs, contracter un mariage polygynique est justifié par la recherche de l'équilibre physiologique et social au regard de l'éloignement des sites miniers par rapport au domicile familial. Les « épouses » subsidiaires s'occupent des travaux ménagers dans la zone du travail du mari, et participent, si nécessaire, aux tâches secondaires dans l'exploitation.

## 2.2 Niveau d'étude et composition des ménages

### 1° Niveau d'étude

Les sites miniers artisanaux de Kadumwa et Lukungurhi sont exploités par des personnes qui ont un faible niveau d'instruction. Dans les zones minières, l'activité minière est souvent considérée soit comme un facteur de la descolarisatation chez les jeunes soit comme un substitut après l'abandon de l'école au jeune âge. Le graphique ci-dessous indique ce faible niveau de scolarité.

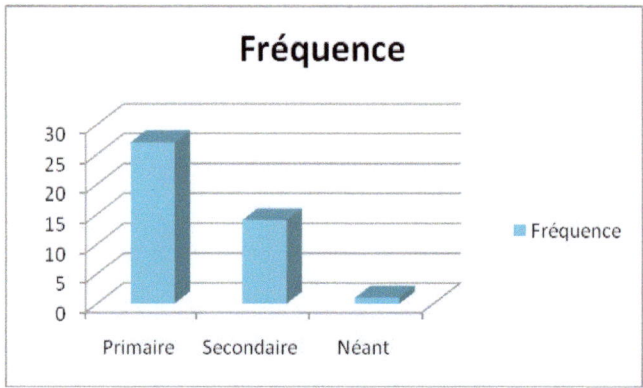

Fig. n° 6 : Niveau d'études chez les artisanaux de kadumwa et Lukungurhi

---

7 C'est le sens anthropologique du mariage retenu par P. Bonte, M. Izard, (dir.), Dictionnaire de l'ethnologie et de l'anthropologie, PUF, 1991, pp. 444-447.

La scolarité relevée par l'observation est située entre le niveau primaire et le niveau secondaire. Cependant, la plupart des artisanaux situés statistiquement au niveau primaire, n'ont pas achevé ce cycle. Il en est de même de ceux placés au niveau secondaire. Globalement, le niveau moyen de scolarité se situe entre 4-6 années primaires.

**2° Composition des ménages**

Généralement, l'on note une composition familiale très élevée dans les ménages des exploitants artisanaux. La composition la plus faible est de 5 personnes par ménage et la plus élevée est de 35 personnes par ménage. En considérant toutes les réponses fournies par les enquêteurs, la moyenne est de 13,6 personnes par ménage.

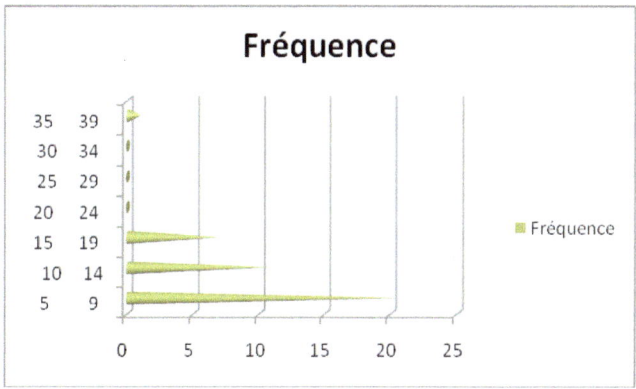

Fig. n° 7 : Composition des ménages

Un ménage désigne sociologiquement l'ensemble des occupants d'un même logement sans que ces personnes soient nécessairement unies par des liens de parenté. Il n'est pas aisé de démontrer cette large composition de ménage des creuseurs sous des habitations aussi rétrécies. Toutefois, le taux considérable des mariages pluriels justifie cette conception extensive qui considère tous les ménages ayant un seul chef comme une unité numérique et sociologique. Une telle conception rencontre les logiques africaines de la famille composée unie autour d'un géniteur commun. Par ailleurs, ce volume d'exploitants artisanaux permet de les estimer à plus ou moins 2 600 personnes habitant les ménages composés en moyenne de 13.6 individus soit 35 100 personnes. La survie de ces personnes dépend directement de l'exploitation artisanale de l'or sur les sites miniers de Kadumwa et Lukungurhi. L'identification en cours pourra nous donner le chiffre exact.

## 2.3 Milieu habité et Mobilité

### 1° Milieux d'habitation et habitat

Les indicateurs assortis de cette variable renseignent que les enquêtés résident dans plusieurs villages environnants les sites miniers de Kadumwa et Lukungurhi. L'on note une forte dispersion des villages habités en dépit d'une forte concentration dans les villages de Kalaga, Kabingu, Kabalole, Bigaja et Luciga. Cette proximité est non seulement justifiée par les avantages du rapprochement du lieu de travail mais surtout par la stratégie de veiller à la sécurité des puits d'exploitation et d'associer les autres membres du ménage dans l'exploitation.

L'habitat est caractérisé par des maisons de fortune en pisé ou en terre battue. Leurs toitures sont faites des bâches, de la paille et des tôles pour quelques unes. Ces maisons ne remplissent pas le minimum des conditions d'une habitation humaine. Leur construction ne respecte pas les principes d'aménagement territorial. Les travaux de construction prennent en moyenne un jour soit avec des personnes payées soit gratuitement en recourant à la solidarité. Les maisons occupées sont en général des propriétés privées des « creuseurs » ou des « commerçants ». Le site minier de Kadumwa compte 117 maisons dont 36 en planche et tôlées, 62 en pisées couvertes en tôles, 19 en pisées couverte en paille. A Lukungurhi on compte 29 maisons en mauvais état. Leurs mûrs sont fissurés à cause notamment de la mauvaise qualité des matériaux utilisés.

Selon certaines sources dans les décomptes des maisons on ne devrait pas tenir compte de 8 maisons dont les propriétaires avaient été indemnisés entre 2010-2014 par Twangiza Mining S.A avec un montant de 14.000 dollars américains.

Certaines agglomérations sont érigées autour des puits d'exploitation comme on peut l'observer sur l'image ci-dessous.

Fig. n° 8 : l'habitat autour dans les sites miniers artisanaux à Luhwinja

## 2° Mobilité humaine

La plupart de creuseurs ont des résidences secondaires localisées soit dans les villages à l'hinterland du site minier soit dans la ville de Bukavu et ses périphéries. Ces résidences secondaires sont celles où habitent leurs ménages de premier ou de second rang.

Tableau n° 1: Résidence secondaire pour les artisans miniers

| Variable | Indicateurs | |
|---|---|---|
| | secondaire | localisation |
| Résidence secondaire | non | |
| | non | |
| | oui | Bukavu |
| | oui | Bukavu (kaza roho) |
| | oui | Bukavu (Mulengeza) |
| | non | |
| | oui | Bukavu (Mulengeza) |
| | oui | Bukavu (Mushununu) |
| | non | |
| | non | |
| | oui | Bukavu |
| | oui | Bukavu (Nyaluzimya) |
| | oui | Bigaja (luciga) |

| | | |
|---|---|---|
| | non | |
| | oui | Bukavu (Panzi) |
| | oui | Bukavu (au Lycééwina et à Nguba) |
| | oui | Bukavu (kazaroho) |
| | non | |
| | oui | Kaniola (2 maison) |
| | non | |
| | oui | Nyangezimushenyi |
| | non | |
| | oui | Bukavu (nyarwizimya) |
| | non | |
| | oui | Bukavu (panzi) |
| | non | |
| | oui | Bukavu (mushununu) |
| | non | |
| | oui | Bukavu |
| | oui | Bukavu |
| | oui | Karundu (luwhindja) |
| | oui | A Bukavu et à Burhinyi |
| | non | |
| | oui | Bukavu |
| | non | |
| | oui | Bukavu |
| | non | |
| | oui | Bukavu |
| | non | |
| | non | |
| | non | |
| | oui | Mulengeza 2 |
| | non | |
| | Oui | Panzi |
| | Non | |

Les artisans miniers développent une forte mobilité entre les sites d'exploitations et d'autres environnements, particulièrement les zones périphériques de la ville de Bukavu. La ville constitue pour ces artisanaux les cadres de sécurité et d'épanouissement pour leurs familles.

En somme, ce chapitre établit un profil démographique particulier pour les artisanaux de Kadumwa et Lukungurhi. En effet, les hommes sont plus utilisés dans les tâches directement liées à l'exploitation tandis que quelques femmes assurent des fonctions secondaires. Ils sont en majorité jeunes, non instruits et leur âge moyen varie entre 30 et 35 ans. Cependant, ils ont le statut de chef de ménage dont la composition moyenne est de 13 individus. Les ménages habitent dans les villages environnant les sites miniers et dans la ville de Bukavu. Ce qui entraine une forte mobilité des miniers artisanaux vers Bukavu.

# 3

# DYNAMIQUE DE L'EXPLOITATION MINIERE ARTISANALE A KADUMWA ET LUKUNGURHI

# DYNAMIQUE DE L'EXPLOITATION MINIERE ARTISANALE A KADUMWA ET LUKUNGURHI

A travers ce chapitre, les aspects ci-après sont analysés : la dynamique d'exploitation minière en mettent l'accent sur les modes d'accès au gisement, les statuts des exploitants, la main d'œuvre et les outils utilisés, le processus de vente et l'élan syndical des artisanaux.

## 3.1 Modes d'accès à l'exploitation et statuts des exploitants

### 1° Modes d'accès à l'exploitation

Deux modes d'acquisition du gisement sont les plus courant à Kadumwa et Lukungurhi, à savoir l'acquisition par héritage et celle par achat. Parallèlement, il existe un autre mode intermédiaire d'acquisition des gisements (puits) mais peu fréquent. Il s'agit de la donation. La période d'exploitation de ces gisements s'étend dans une large mesure sur la période de deux à huit ans.

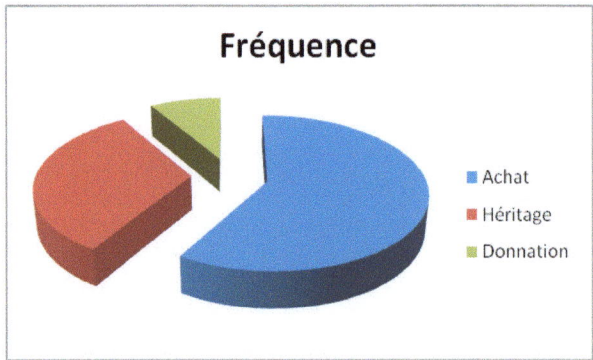

Fig.n°9 : Mode d'acquisition de gisements (puits)

L'achat des terres est le mode le plus fréquent d'acquisition des gisements ou puits pour l'exploitation artisanale de l'or dans les sites de Kadumwa et Lukungurhi. La vente des terres est faite par les familles propriétaires des terres ou autorités coutumières locales. Les prix de la terre varient entre 500 et 1000 dollars.

Chaque puits est identifié par un nom, généralement attribué par le propriétaire. Une double référence est remarquée dans le choix des noms des gisements. Premièrement, la désignation se réfère à considération symbolique voire fonctionnelle que les creuseurs et les propriétaires fonciers ont de leurs gisements. C'est le cas des gisements appelés « Cilerabana » pour ainsi faire allusion à la mission de garantir les bons soins des enfants. Deuxièmement, les gisements portent les noms de leurs propriétaires à l'exemple du puits appelé « Baheneka » pour faire référence à son propriétaire Monsieur Baheneka. Il y a d'autres appellations tels que « Upendo » (amour), « Olame, ndame » (vis, et moi aussi), « Tuungane » (mettons-nous en ensemble), « mwenye wivu » (le jaloux), etc. Ces noms traduisent l'attachement des creuseurs à leurs propriétés.

Les propriétaires fonciers sont au nombre de quatre identifiés sous les noms suivants : BASHIZIRE KASHIGI, NAKAYONGWA BYAMUNGU, BARHAME MULIMBALIMBA et NABWARA MAKELELE. Trois d'entre eux ont acquis ces espaces par le mode traditionnel, c'est-à-dire en payant une redevance coutumière d'une vache au Mwami, « le Kalinzi ». Seul KASHIGI Anselme détient un titre foncier du service de cadastre. Ils ont ainsi les droits de jouissance et de transfert de leurs propriétés. Selon ces « propriétaires », les creuseurs sont convaincus que ces espaces d'exploitations sont leurs propriétés privées.

**2° Statuts des exploitants dans l'unité de production (gisement ou puits)**
En général, deux statuts se manifestent dans l'unité d'exploitation artisanale de l'or: le propriétaire et le creuseur. Le premier dit « PDG » ou « DG »[8] assure le management du gisement. Il peut déléguer une parie de son pouvoir au DG ou au secrétaire qui sont aussi des « creuseurs ». Le creuseur est le travailleur recruté par le propriétaire ou son délégué. Il peut exécuter diverses tâches selon ses compétences (Secrétaire, tireur, transporteur, foreur ou creuseur ordinaire). Tous les creuseurs exercent les mêmes taches. Cependant, un privilège est accordé aux seuls propriétaires des puits (PDG et DG) au point que ceux-ci ne veuillent qu'au bon déroulement des travaux dans les puits et à ce titre, ces propriétaires jouent le rôle de coordination et de supervision de tout le circuit du travail d'exploitation artisanale de l'or. Les critères de recrutement ne sont pas explicites et uniformes. Généralement, les affinités et la force physique sont les plus considérés pour recruter un « creuseur ». Ce dernier doit préalablement s'engager à obéir au « PDG », à respecter les coéquipiers, à travailler assidument et à remettre au « PDG » le produit de son travail pour le partage. Certains creuseurs sont recrutés moyennant un tribut d'une chèvre ou d'une somme d'argent.

## 3.2 Main d'œuvre, conditions et outils d'exploitation artisanale

**1° Main d'œuvre**
La main d'œuvre dans l'exploitation artisanale de l'or sur les sites de Kadumwa et Lukungurhi est formée d'une population jeune sans emploi et non instruite. Le nombre de personnes utilisées dans le gisement varie d'un puits à un autre selon qu'il s'agit soit de la volonté du propriétaire soit de la grandeur des puits. Le plus faible nombre de creuseurs observé pour un puits est de 7 unités tandis que le nombre le plus élevé s'étend à 100 unités. La moyenne dégagée des chiffres prélévés est estimée à 30-40 unités par puits. Ainsi, les deux sites peuvent réunir plus ou moins 2600 exploitants miniers artisanaux sans compter leurs dépendants.

**2° Conditions de travail et outils d'exploitation**
L'exploitation artisanale de l'or à Kadumwa et Lukungurhi se fait dans le tunnel dont la profondeur varie entre 10 et 200 mètres pendant que la loi limite

---

8 C'est le titre accordé au propriétaire du puits en référence à la fonction de « directeur général » ou de « président délégué général » dans une entreprise.

l'exploitation artisanale par tunnel à 30 mètres de profondeur. Les conditions de travail dans les deux sites sont médiocres. Les creuseurs et autres acteurs travaillent dans les mauvaises conditions hygiéniques et sans matériels de protection. Les heures de travail ne sont pas déterminées.

En ce qui concerne les matériels d'exploitation, les outils utilisés sont rudimentaires. Ce qui oblige les creuseurs à déployer plus d'énergie pour réaliser quelques maigres résultats. D'après l'observation, les outils et producteurs d'énergie suivants sont plus utilisés sur ces sites : Barre des mines, burins, marteaux, torches, bêches, bois, compresseurs, pilon, mortier.

### 3.3 Elan associatif au sein de l'exploitation artisanale d'or à Kadumwa et Lukungurhi

Les exploitants artisanaux sont organisés en une association qui a principalement une fonction revendicatrice et une fonction sociale (entraide). Une structure est opérationnelle dans ces deux sites à savoir le Comité de Creuseurs Artisanaux de Luhwindja (CCALU). Cette structure encadre à son sein plusieurs autres sous structures ou sous comités. On peut citer : le Comité des PDG appelé « Lunanga », le comité des techniciens des puits, le comité du centre commercial et des négociants, le comité des lutriers « Birhimba et Birhambi », le comité de transporteurs dit aussi motards.

Dès lors, ces structures tentent de canaliser les aspirations et revendications des exploitants artisanaux. Elles constituent un pont entre les exploitants artisanaux, les organisations de la société civile, les autorités locales et la société TWANGIZA MINING pour protéger tant soit peu les intérêts de leurs membres. Cette structure joue aussi le rôle de médiateur en cas des différends entre creuseurs ou entre creuseurs et les propriétaires des puits. Ils reconnaissent être en lien avec le CODELU qui aide à relayer certaines revendications et à les porter à un niveau beaucoup plus élevé (provincial et national).

Il s'observe une rivalité entre deux groupes qui se discutent le contrôle du bureau de CCALU. Il s'agit du comité installé dans les sites et celui qui est en dehors des sites. Le premier bénéficie de la confiance de la majorité des exploitants miniers artisanaux tandis que le second est considéré comme une émanation de la Chefferie, et n'a pas de légitimité auprès de quasi totalité des exploitants miniers artisanaux. L'enjeu de cette rivalité reste le positionnement de chaque groupe par rapport à la société TWANGIZA MINING dans la lutte pour maintien sur les sites et/ou mieux dans les perspectives d'indemnisation éventuelle.

Les exploitants artisanaux ont confiance dans leurs structures en ce qui concerne leur rôle régulateur de la paix sociale sur les sites miniers, celui de la mise en œuvre de la solidarité entre creuseurs ainsi que celui de plaidoyer auprès des autorités civiles locales et militaires. Toutefois, nombre d'artisanaux ne participent pas souvent aux activités organisées par leurs associations. Ils justifient ce faible activisme associatif par le temps assez long consacre aux travaux dans les mines. Il convient de souligner qu'aucune coopérative minière n'est opérationnelle sur les deux sites miniers artisanaux.

### 3.4 Economie politique de l'exploitation artisanale des minerais dans les sites de Kadumwa et Lukungurhi.

Dans les sites de Kadumwa et Lukungurhi les artisans extraient essentiellement de l'or. Trois aspects permettent de circonscrire l'économie politique de cette exploitation artisanale d'or : les acteurs et leurs rôles, le volume de production et la vente, la gouvernance minière.

**1° Acteurs et leurs rôles sur les sites miniers artisanaux de Kadumwa et Lukungurhi**

Selon le critère d'intervention directe dans l'exploitation, l'on peut distinguer les acteurs suivants : exploitants artisanaux, le pouvoir local et les structures étatiques, les acheteurs (négociants).

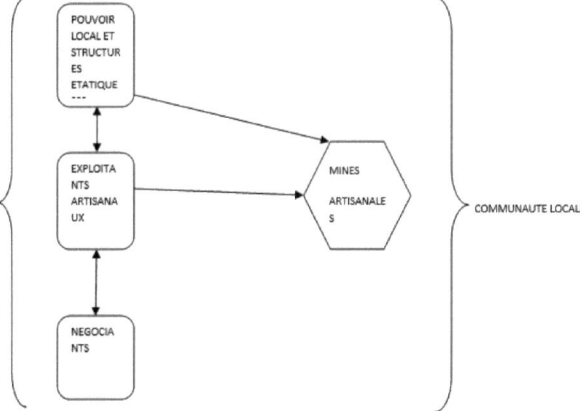

Fig. n° 10 : Acteurs et leurs relations dans l'exploitation artisanale de l'or

Ce schéma identifie les différents acteurs qui interviennent dans l'exploitation artisanale à Kadumwa et Lukungurhi, et indique leurs relations telles qu'elles sont déterminées par les mines artisanales. Comme souligné précédemment, les exploitants artisanaux sont regroupés en deux catégories : celle des propriétaires et celle des creuseurs aux multiples tâches. Ils extraient directement l'or par leur travail dans les gisements ou puits érigés aux fins d'exploitation et d'activité professionnelle. Les creuseurs doivent remettre 50% de leur production en nature (c.à.d. de l'or brut) au propriétaire du puits.

Le pouvoir local et les structures étatiques spécialisées (SESCAM) assurent au nom des pouvoirs publics la régulation de l'exploitation artisanale et prélèvent des taxes et impôts. Les négociants, en principe, agissent en aval, principalement dans l'achat de l'or auprès des exploitants artisanaux.

### 2° Le volume de production et la vente

La production de l'or est variable selon divers facteurs avancés par les enquêteurs : la réserve en or, l'organisation du travail, le rendement des travailleurs. Les variations de la production sont ainsi reprises dans le tableau ci –dessous.

Tableau n° 2: Production d'or par puits par semaine ou par jour

| VARIABLES | INDICATEURS |
|---|---|
| **Gramme d'or produit et identité des acheteurs** | Soit 5g/semaine ou plus ; le négociant |
| | 20g/Semaine ; le négociant |
| | 40g/Semaine ; le négociant |
| | 50g/Semaine ; le négociant |
| | 5 Tôla/Semaine ; le négociant |
| | 50g/Semaine ; le négociant |
| | 20g/Jour ; le négociant |
| | 50g/Semaine ; le négociant |
| | 3g/Jour ; le négociant |
| | Pas de production/Kangumbu |
| | 27g/Semaine ; vendre au PDG qui est négociant |
| | 50g/Semaine ; le négociant |
| | 5g/Jour ; une maison d'achat |
| | 110g/Semaine ; vendre au PDG négociant |
| | 100g/Semaine ; le négociant |

| | |
|---|---|
| | Rupture de production/Kangumbu |
| | ±2Tôla/Jour ; une maison d'achat |
| | ±1Tôla/Jour ; une maison d'achat |
| | C'est la loterie ±4Tôla/Jour ; au négociant KASHIGI |
| | ±2Tôla/Jour ; une maison d'achat |
| | ±10Tôla/Jour ; une maison d'achat |
| | 8g/Jour ; au négociant KASHIGI |
| | ±5g/Jour ; aux négociants |
| | 1Tôla/Jour ; au négociant KASHIGI |
| | ±17Tôla/Jour ; maison d'achat chez Stanislas |
| | ±2Tôla/2semaines ; au négociant Bachiyunjuze |
| | Pas de production/Kangumbu |
| | 5 « renge »/Jour ; au négociant |
| | 5Tôla/Jour ; au négociant Kashigi |
| | 2Tôla/Jour ; au négociant Kashigi |
| | 2Tôla/Jour ; aux négociants |
| | 5g/Jour ; au négociant |
| | 3g/Jour ; au négociant Kashige |
| | Pas de production/Kangumbu |
| | 6Tôla et 5g/Jour ; au négociant Kashige |
| | 3g/Jour ; au négociant |
| | 2Tôla/Semaine ; aux négociants |
| | 5 grammes par jour selon les chances et achetés par les négociants |
| | 4 Tôlas par semaine et achetés par les négociants |
| | 10 grammes par semaine et achetés par les négociants |
| | 27 Tôlas par jour et écoulés dans son comptoir privé |

Ce tableau permet de relever un rendement faible des sites miniers artisanaux de Kadumwa et Lukungurhi. La production moyenne journalière est de 39,9289 grammes d'or, soit 1756.8716$ si on estime qu'un gramme coûte actuellement 44$. Certains puits sont actuellement en rupture de production.

Les données de terrain permettent d'affirmer que toutes les quantités d'or produites sont soit vendues aux négociants directement soit à travers des mandataires. Ces minerais sont vendus au niveau des maisons de vente à l'essence dans la commune d'Ibanda à Bukavu chez BACHIYUNJUZE, BAHANE NABIRALI, STANISLAS, NFUNE Pécheur. Notons que, les quatre propriétaires fonciers sont à la foi les négociants, ceci revient à dire qu'ils perçoivent en même temps les frais liés à la production, à la vente des espaces de travail mais aussi au négoce de l'or.

### 3° Les droits payés et la gouvernance minière locale

Les artisans miniers sont soumis à plusieurs taxes. Plusieurs instances perçoivent les taxes ou redevances sur l'exploitation artisanale d'or à Kadumwa et Lukungurhi. De par l'observation menée, l'on peut inventorier les taxes suivantes payées en Francs congolais ou en dollars américains ( 1$= 920 FC):

- 5000 FC/ puits/ Semaine: Chefferie
- 1500 FC/puits/semaine : Forces Armées de la République Démocratique du Congo
- 1500 FC/puits/ semaine : Police Nationale Congolaise
- 1000 FC/puits/semaine : Comité des « PDG »
- 10$ : intervention ponctuelle en cas de nécessité ((Lobbying, plaidoyer, accidents sur ou dans le site, soins médicaux, accueil d'un visiteur, corruption.).

La gouvernance minière est limitée à l'acquisition des terres par achat ou par héritage et au prélèvement des taxes. Le rôle régulateur du pouvoir local n'est pas ressenti. De ce fait, cette exploitation artisanale est laissée à une autorégulation des artisanaux souvent ignorant des textes légaux et réglementaires en matière des mines. Seul le service de la chefferie donne un reçu de perception de la taxe. Les artisanaux considèrent d'ailleurs les autres taxes comme des prélèvements indus.

Les creuseurs ne se sentent pas soutenues et défendus par les autorités locales. Selon eux, toutes les autorités et structures locales les exploitent et ne les défendent pas en cas des problèmes. Les creuseurs pensent que les autorités locales sont en complicité avec BANRO CORPORATION ou corrompues par cette dernière pour les chasser des sites exploités. Toutefois, quelques artisanaux ont estimé que le chef de localité Kayongwa intervient de temps en temps en leur faveur.

Somme toute, la dynamique de l'exploitation minière artisanale sur les sites de Kadumwa et Lukungurhi est fondamentalement caractérisée par un ensemble d'actions mal organisées et engageant des processus sans référence à la rationalité et aux normes établies. Toutefois, les logiques locales ont produit des pratiques adaptées au contexte permettant à tous les acteurs de jouer leurs rôles dans une économie de « misère », localement acceptée et fonctionnelle.

# 4

# DIALECTIQUE DE L'APPROPRIATION COMMUNAUTAIRE DES MINES ARTISANALES ET CONFLIT FONCIER

# DIALECTIQUE DE L'APPROPRIATION COMMUNAUTAIRE DES MINES ARTISANALES ET CONFLIT FONCIER

Les sites artisanaux de Kadumwa et Lukungurhi font partie de l'économie locale paysanne. Ils structurent les rapports humains, et jouissent de ce fait d'une certaine légitimation au sein de la communauté de Luhwinja en général. Cependant, l'organisation de cette activité et la production réalisée ont un faible impact sur le développement local et sur les progrès économiques des exploitants miniers artisanaux. D'une part, ce chapitre essaie de retracer le lien sociologique entre les exploitants et la communauté locale et décrit les insatisfactions exprimées. D'autre part, il présente la perception des exploitants miniers artisanaux du conflit foncier qui les oppose à BANRO CORPORATION.

## 4.1 Lien sociologique entre les exploitants et la communauté locale

### 1° Village d'origine et ancienneté dans le village habité

90,4% de personnes ressources interrogées sont originaires des villages de la Luhwinja. Le même pourcentage peut s'étendre sur les exploitants miniers artisanaux situés sur les sites de Kadumwa et Lukunguri. Leurs familles élargies sont également localisées dans les mêmes villages. Les villages dont sont originaires les exploitants miniers artisanaux sont repris dans le tableau suivant.

Tableau n°3 : Villages d'origine des exploitants miniers artisanaux

| VARIABLES RETENUES | INDICATEURS |
|---|---|
| 4. Village d'origine | Lwaramba |
| | Luhwinja |
| | Luciga |
| | Luhwinja |
| | Luhwinja |
| | Cibanda 1er |
| | Bigaja |
| | Cibanda |
| | Idudwe |
| | Luciga |
| | Luciga |
| | Namihombo |
| | Mudusa |
| | Luciga |
| | Idudwe Mishamba |
| | Luduha |
| | Luciga/Kalaga |
| | Luciga/Bigaja |
| | Nyangezi |
| | Luciga / Kalaga |
| | Luciga / Kalaga |
| | Luciga / Kalaga |
| | Luciga / Kalaga |
| | Luduha |
| | Kibuti/ Kabalole |
| | Lwaramba |
| | Luciga |
| | Mulama |
| | Bulendi |
| | Mulambi |
| | Luduha/Conga |

|  |  |
|---|---|
|  | Luciga |
|  | Cirongo |
|  | Kalaga |
|  | Luciga |
|  | Luduha/Kabingo Premier |
|  | Bigaja |
|  | Bulende |
|  | Walungu Lurhala |

De ce tableau, il se dégage que la plupart des exploitants miniers artisanaux sont originaires du village de Luciga. Cette représentation peut s'expliquer par le fait que les sites de Kadundwe et de Lukungurhi sont situés dans le même village.

En ce qui concerne l'ancienneté dans le village, il a été remarqué une représentation élevée (soit 60% de répondants) des personnes nées dans le village de Luciga. Toutefois, la plus récente migration enregistrée est de 5 ans et la plus ancienne de 35 ans. Les « autochtones » comme les « allochtones » semblent se considérer comme appartenant à la communauté locale. Ce sentiment d'appartenance s'explique notamment par les liens matrimoniaux que la plupart des allochtones ont noué avec les familles autochtones.

### 2° Statuts spécifiques dans la communauté locale

En plus de leurs statuts dans l'exploitation, certains d'exploitants miniers artisanaux possèdent des positions sociales au sein de la communauté dans divers domaines : religion (chef de chorale), société civile locale, pouvoir coutumier (chef de village), développement et culture (Rastas), etc. En général, les exploitants miniers artisanaux sont davantage préoccupés par leurs travaux des mines.

### 4.2 Illusion professionnelle et satisfaction mitigée

Pour nombre de creuseurs, l'activité d'exploitation impacte positivement sur la subsistance familiale car les besoins vitaux de leurs ménages sont satisfaits par le rendement réalisé. Ils déclarent couvrir les dépenses de paiement de scolarité des enfants, de soins de santé, d'alimentation, de logement voir d'épargne. Cette phrase d'un enquêté du site de Kadumwa exprime ce degré de satisfaction :

> « Grâce à ce travail nous réalisons tout pour nos familles : manger, faire étudier les enfants, se faire soigner, etc. »

Cependant, nombre d'exploitants miniers artisanaux abordent dans le sens contraire. Ils estiment que la production est trop faible, et ne peut procurer un rendement suffisant pour couvrir de manière satisfaisante tous les besoins vitaux de la famille. Ce sont les apports de des épouses et/ou des enfants adultes qui suppléent au faible revenu issu de l'exploitation artisanale de l'or comme en témoigne cette déclaration :

> « Nos femmes et nos enfants développent d'autres activités qui finissent par procurer à la famille des gains comme de nouveaux lopins de terrains, des vaches et chèvres, etc. Néanmoins, nous connaissons des problèmes graves et sérieux pendant les périodes de turbulence relative aux tentatives de déguerpissement forcé car les forces de l'ordre nous traquent et nous indisposent véritablement. »

D'autres exploitants miniers artisanaux jugent leur travail dangereux, et peu rentable. Selon cette opinion largement exprimée dans les focus groups, ce sont les PDG et les négociants qui gagnent beaucoup de cette activité. Le premier s'accapare d'une grosse part de la production et le second fixe les prix à sa guise.

Au-delà de ces inégalités internes que les exploitants miniers artisanaux minimisent par manque d'alternatives à l'artisanat minier, il s'observe une unanimité d'opinion sur TWANGIZA Mining. Ce dernier est perçu comme l'ennemi commun princiapl à cause de son projet de les déguerpir des sites miniers artisanaux.

### 4.3 Perception du conflit foncier avec BANRO

Il existe un conflit foncier entre les exploitants miniers artisanaux et BANRO CORPORATION autour des sites de Kadumwa et Lukungurhi. Les artisans miniers exercent leurs activités sur lesdits sites alors qu'ils sont dans la concession cédée à BANRO CORPORATION par l'Etat congolais.

Les exploitants miniers interrogés perçoivent ce conflit foncier comme une injustice sociale de la part de l'Etat congolais vis-à-vis de la communauté locale ou des creuseurs pour avoir céder à une société étrangère la terre exploitée par ses citoyens. Cette opinion recèle à la fois une objectivation et une subjectivation. En effet, les exploitants miniers artisanaux reconnaissent le fait que l'Etat congolais a cédé ces terres à la Société BANRO. De ce fait, il a le droit de pleine jouissance des espaces reçus. Cependant, les mêmes exploitants attendent de la Société BANRO une exploitation conjointe car ils ont des droits fonciers sur ces terres garanties par le droit foncier coutumier. Les contradictions nées des représentations foncières locales, le droit foncier coutumier, la loi foncière et leurs pratiques subséquentes constituent le fondement dudit conflit foncier.

En fait, le conflit foncier entre BANRO CORPORATION et les exploitants miniers artisanaux de Kadumwa et Lukungurhi est lié aux menaces de déguerpissement subis par ces derniers depuis 2010 d'une part, et l'incapacité de BANRO CORPORATION de leur offrir de nouvelles alternatives d'emplois durables après le déguerpissement du site de Mbwega, d'autre part. Les réponses reprises sur le graphique ci-dessous corroborent cette analyse.

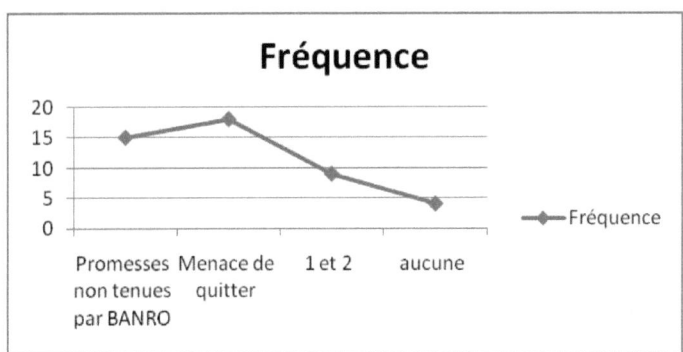

Fig. n° 11 : Fondement du conflit foncier entre BANRO CORPORATION et les exploitants miniers artisanaux

Le déguerpissement des exploitants miniers artisanaux pourrait se justifier par l' « occupation illégale » des terres cédées par l'Etat congolais à la Société BANRO pour exploitation industrielle de l'or. Mais, les exploitants miniers artisanaux trouvent cela injuste en faisant prévaloir des droits fonciers attachés aux concessions[9] acquises coutumièrement. Il faut noter ici qu'en vertu de la loi foncière, « le sol est la propriété excluve, inaliénable et imprescriptible

---

9 L'art 61 de la loi foncière dispose que « la concession est le contrat par lequel l'Etat reconnaît à une collectivité, à une personne physique ou à une personne morale de droit privé ou public, un droit de jouissance sur un fonds aux conditions et modalités prévues par la présente loi et ses mesures d'exécution ».

de l'Etat » ( article 53 de la Loi foncière). Mais les coutumes, dites coutumes juriques, au même titre que la loi, et dans les conditions établies par cette dernière, peuvent régir aussi les questions foncières et produire des effets. En effet, la Constitution en vigueur[10] garantit le droit de propriété même lorsqu'un bien a été acquis conformément à la coutume. Ainsi, l'article 34 al 2 dispose : « L'Etat garantit le droit à la propriété individuelle ou collective acquis conformément à la loi ou à la coutume ». Par ailleurs, le Code minier reglèmente entre autres les relations entre les concessionnaires miniers et les propriétaires fonciers ainsi que les indemnisations (Cf articles 280 et 281 de la Loi n° 007/2002 du 11 juillet 2002 portant Code minier). A titre exemplatif, l'article 281, al. dudit Code minier stipule que « Toute occupation de terrain privant les ayants-droits de la jouissance du sol, toute modification rendant le terrain impropre à la culture entraîne, pour le titulaire ou l'amodiataire des droits miniers et/ou de carrières, à la demande des ayants-droits du terrain et à leur convenance, l'obligation de payer une juste indemnité correspondant soit au loyer, soit à la valeur du terrain lors de son occupation, augmentée de la moitié ». Ces dysfonctionnements intrinsèques de la législation foncière peuvent alimenter les opinions et les sentiments d'injustices ressentis et exprimés par les exploitants artisanaux, et constituer, à tord ou à raison, le fondement de la revendication de leurs droits fonciers sur les terres qu'ils exploitent

Donc, l'on trouve parmi les exploitatants miniers artisanaux des individus originaires et non originaires de la communauté locale. Ils ont une forte conscience d'appartenance et une intégration réelle qui fonde le lien sociologique avec le milieu. Cependant le rendement que procure l'exploitation minière ne satisfait aux besoins vitaux des ménages. Le conflit foncier avec Banro est perçu comme une injustice sociale, et génère des attitudes et préoccupations diverses.

---

10 Il s'agit de la Constitution du 18 février 2006 telle que modifiée par la Modifiée par la Loi n° 11/002 du 20 janvier 2011 portant révision de certains articles de la Constitution de la République Démocratique du Congo du 18 février 2006.

# 5

## ATTITUDES ET PRINCIPALES PREOCCUPATIONS EXPRIMEES PAR LES EXPLOITANTS MINIERS ARTISANAUX

# ATTITUDES ET PRINCIPALES PREOCCUPATIONS EXPRIMEES PAR LES EXPLOITANTS MINIERS ARTISANAUX

## 5.1 Nature du rapport entre les exploitants miniers artisanaux et BANRO CORPORATION

Le rapport entre BANRO CORPORATION et les exploitants miniers artisanaux de Kadumwa et LUkungurhi est caractérisé par la méfiance. On observe ainsi trois attitudes chez ces derniers : le manque de confiance en BANRO CORPORATION, l'incertitude de maintenir le travail et l'agressivité. En effet, le manque de confiance en BANRO CORPORATION est fortement exprimé chez tous les creuseurs. Elle est perçue comme un « prédateur » et non un acteur qui soutien les petits exploitants miniers artisanaux. Ce manque de confiance est surtout lié à la non tenue des promesses d'emplois que BANRO CORPORATION auraient faites aux exploitants miniers artisanaux expulsés du site de Mbega. En outre, des exploitants miniers artisanaux reconnaissent leur faiblesse face à la puissance publique qui soutient BANRO CORPORATION. Ils développent en conséquence une incertitude permanente à pouvoir conserver pendant longtemps leur travail. D'autres par contre développent une agressivité qui les prédisposerait aux actes des violences si leurs intérêts ne sont pas pris en compte.

## 5.2 Préoccupations exprimées par les exploitants miniers artisanaux et la communauté locale

Ces préoccupations sont traduites au travers les réponses brutes enregistrées sur lors de l'enquête telles que reprises dans le tableau ci-dessous.

Tableau n°4 : Préoccupation des exploitants miniers artisanaux

| VARIABLES RETENUES | INDICATEURS |
|---|---|
| Solutions proposées pour mettre fin au conflit foncier entre les creuseurs et la société BANRO. | Prise en charge des creuseurs par BANRO ; respect des clauses et assurer le travail durable aux creuseurs. |
| | Nous laisser sur ce site où nous gagnons notre vie. |
| | BANRO reste à Mbwega et laisse les creuseurs à Kadumwa, respect de cahier charge. |
| | Nous laisser sur ce site où nous gagnons notre vie. |
| | Respect des droits des creuseurs, octroi de travail rémunéré et durable, remboursement de l'argent investis dans le puit |
| | Octroi de travail rémunéré et durable, remboursement de l'argent investis dans le puit |
| | Affectation dans un autre site et octroi de travail rémunéré et durable à tous les creuseurs. |
| | Octroi de travail rémunéré et durable à tous les creuseurs. |
| | Octroi de travail rémunéré et durable à tous les creuseurs pour maintenir la survie. |
| | Prise en charge des creuseurs par BANRO et dédommagement |
| | Dialogue communautaire et remboursement de fond investis dans le puit |
| | Création de ZEA et octroi de travail rémunéré et durable à tous les creuseurs |

| | |
|---|---|
| | Dialogue communautaire et dédommagement de fond investis dans le puits |
| | Respect des clauses, dialogue communautaire et assurer le travail durable aux creuseurs. |
| | Respect des droits et assurer le travail durable aux creuseurs. |
| | Nous laisser sur ce site où nous gagnons notre vie ou alors assurer le travail durable aux creuseurs. |
| | Nous laisser sur ce site où nous gagnons la vie sur la terre de nos ancêtres |
| | Indemniser tous les creuseurs et assurer le travail durable aux creuseurs. |
| | Abstention |
| | Dialogue communautaire et assurer le travail durable aux creuseurs. |
| | Respect des intérêts des creuseurs et assurer le travail durable aux creuseurs. |
| | Le rasta veut la paix |
| | Dialogue communautaire et assurer le travail durable aux creuseurs. |
| | Assurer le travail durable à tous les creuseurs. |
| | Dialogue communautaire et assurer le travail durable aux creuseurs. |
| | Dialoguer pour élaborer un cahier de charge et assurer un travail à vie |
| | Nous laisser sur ce site où nous gagnons notre vie et lui reste à Mbwega. |
| | Abstention |
| | Nous laisser sur ce site où nous gagnons notre vie. |
| | Nous laisser sur ce site où nous gagnons notre vie. |
| | Nous laisser sur ce site où nous gagnons notre vie et lui reste à Mbwega. |
| | Nous laisser sur ce site où nous gagnons notre vie et lui reste à Mbwega. |

|  |  |
|---|---|
|  | Céder kadumwa comme ZEA ou assurer un travail rémunéré aux creuseurs |
|  | Nous laisser sur ce site où nous gagnons notre vie |
|  | Nous laisser sur ce site où nous gagnons notre vie et lui reste à Mbwega. |
|  | Nous laisser sur ce site où nous gagnons notre vie et lui reste à Mbwega. |
|  | Nous laisser sur ce site où nous gagnons notre vie et lui reste à Mbwega. |
|  | Abstention |
|  | Nous laisser sur ce site où nous gagnons notre vie et lui reste à Mbwega. |

D'après les opinions contenues dans ce tableau, les exploitants miniers artisanaux de Kadumwa et Lukungurhi considère l'intégration profession au sein de TWANGIZA MINING comme la voie de solution primordiale pour mettre fin aux tensions sociales. D'autres voies secondaires suggérées par les concernées sont : Renoncer aux menaces d'expulsion des creuseurs artisanaux et penser plutôt à ouvrir des nouvelles Zones d'Exploitation Artisanale (ZEA) ; respecter les clauses conclues avec les creuseurs quant à leur encadrement socioprofessionnel. La même opinion est partagée par la communauté selon les données qualitatives issues du focus group. Par ailleurs, il faut noter une attitude de « victimisation » dans le chef des artisans miniers et de la Communauté locale. Ils ne parviennent pas à identifier leur part de responsabilité et projeter des actions conséquentes qui renforceraient la collaboration avec la société TWANGIZA MINING dans la recherche de solution.

## 5.3 Attitudes face à la délocalisation et aux alternatives de réinsertion professionnelle

Deux attitudes se dégagent des réponses enregistrées : la prédisposition à quitter les sites et la résistance. Ces attitudes ont été exprimées dans les proportions indiquées sur le graphique suivant.

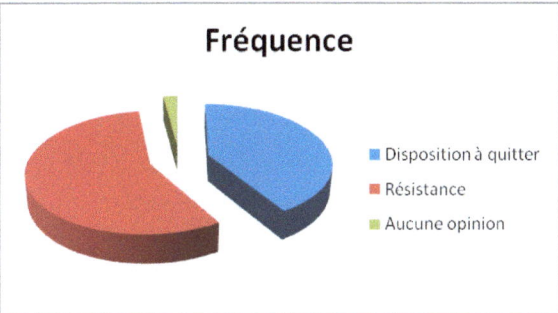

Fig. n°12 Attitudes face à la délocalisation et aux alternatives de réinsertion professionnelle

### 1° La prédisposition à quitter les sites

Cette attitude est partagée par 41% de sujets contactés. Toutefois, leur sortie des sites est conditionnée par la possibilité d'accéder à d'autres alternatives professionnelles offertes par BANRO CORPORATION tel qu'en témoignent cet échantillon de déclarations ci-dessous reprises en réponse aux questions de délocalisation et alternatives professionnelles : « Je peux quitter si on me donne le travail et mon argent investis ; travailler chez BANRO » ; « Si on me donne le travail je peux quitter ; travailler et gagner de l'argent chez BANRO » ; « Je peux quitter si mon droit est respecté ; le commerce » ; « Je peux quitter si j'ai un autre moyen de survie ; avoir du travail rémunéré ». Cette opinion montre qu'un nombre considérable d'exploitants miniers artisanaux reconnaissent que cet espace exploité se trouve bel est bien dans la concession de Twangiza Mining ( ou Banro Corporation).

### 2° La résistance

La résistance est exprimée par la majorité de sujets interrogés, soit 56%. Il s'agit des individus qui estiment exploiter leur milieu naturel, et nient par conséquent toute propriété foncière exclusive à BANRO CORPORATION considérée comme un « étranger ». Les déclarations ci-après correspondent à cette attitude : « Je ne peux pas quitter dans ce site ; prier Dieu qu'on nous laisse sur ce site et qu'il soit productif » ; « Je ne peux pas quitter car j'ai investi mon argent dans ce puits ; je ne sais plus faire autre chose » ; « Jamais, aucune autre activité à part l'artisanat que j'ai commencé depuis ma jeunesse » ; « Jamais ; c'est la terre de nos ancêtres nous voulons exploiter artisanalement de l'or » ; « Je préfère mourir dans ce site ; aucune autre alternative à part l'exploitation minière ».

Selon notre observation corroborée par des études antérieures les sites de Kadumwa et Lukungurhi constituent l'expression de la résistance et de l'opposition à la présence de Twangiza Mining ou aux politiques sociales entreprises dans la Chefferie de Luhwinja. L'on retient de Green et Iragi que ces deux sites ont été rouverts par les exploitants non embauchés ou chassés par Banro lors de la première vague de recrutement[11].

Dans une certaine mesure, les deux attitudes expriment une résistance à la délocalisation, et un manque de confiance en la bonne fois de Twangiza Mining et en l'Etat congolais de trouver des alternatives professionnelles durables et rentables. En effet, la première expérience de déguerpissement du site de Mbwega n'a pas été suivie des mesures d'accompagnement professionnel promises aux artisans miniers. Nombre d'exploitants miniers artisanaux recrutés par Banro ont vu leurs contrats interrompus après quelque temps par manque de spécialisations recherchées. Ce qui a replongé les concernés dans la vulnérabilité ou l'exploitation artisanale tel que l'affirme Gabriel Kamundala Byemba. Ainsi, il souligne qu'aujourd'hui, beaucoup de creuseurs qui avaient été engagés comme journaliers au sein des entreprises de sous-traitance travaillant avec Banro sont mis à l'écart, car pendant la phase d'exploitation on a plus besoin de spécialistes que de main d'oeuvre lourde. Cela crée une frustration qui se traduit par un sentiment de victimisation. C'est ainsi que certains ex-creuseurs rentrent même dans les sites aux alentours de l'usine de production (Kaduma, Lukungurhi, Mwana). Cette menace, qui relève de la pression sociale de creuseurs qui n'ont plus d'autre solution, constitue un obstacle pour Banro, comme l'affirme son vice-présiden[12].

Par ailleurs, les exploitants miniers artisanaux sont conscients de leur manque de qualification pour se faire embaucher chez Twangiza Mining qui a besoin des compétences spécialisées. Ce accroit leurs incertitudes et frustrations par rapport aux emplois potentiels dans le secteur formel. Toutefois, les alternatives professionnelles préférées et exprimées sont le commerce et l'embauche au sein de Twangiza mining.

---

11 GEENEN, S., ET IRAGI MUKOTANYI, F., « Les grands poissons mangent les petits. » Les multiples aspects d'un conflit autour d'une concession minière au Sud-Kivu, République démocratique du Congo » in Politiques africaines, n°131, 2013, pp.131-132.
12 G. KAMUNDALA BYEMBA, Exploitation minière industrielle et artisanale au Sud-Kivu. Possibilités d'une cohabitation pacifique, Rapport de recherche, Anvers, 2012, p.

# 6

## POUR UNE REORIENTATION PROFESSIONNELLE DES EXPLOITANTS MINIERS ARTISANAUX DE KADUMWA ET LUKUNGURHI

# POUR UNE RÉORIENTATION PROFESSIONNELLE DES EXPLOITANTS MINIERS ARTISANAUX DE KADUMWA ET LUKUNGURHI

Au regard des résultats atteints par cette étude, il semble pertinent de discuter dans ce dernier chapitre du présent rapport des perspectives pratiques pouvant faciliter une réorientation professionnelle des artisans miniers de Kadumwa et Lukungurhi d'une part, et éviter la réapparition des violences dans la Chefferie de Luhwinja. Ainsi, trois processus sont analysés ici : le déguerpissement, la délocalisation-relocalisation et les alternatives d'emplois.

## 6.1 Déguerpissement

Il est légalement établi que les sites miniers artisanaux de Kadumwa et Lukungurhi sont situés dans les concessions minières de Twangiza Mining d'après les six permis d'exploitation n° 41, 42, 43, 44, 45 et 68[13] délivré par l'Etat congolais, et qui s'étendent sur les Chefferies Luhwindja, Burhinyi et Ngweshe en Province du Sud-Kivu.

A Luhwinja, Twangiza Mining mène ses activités dans le groupement de Luciga, principalement dans les villages suivants : Bigaja, Luciga (Goné), Buhamba, Lwaramba, Nyora (Namihombo) et Cibanda Ier. En principe, les populations et leurs activités qui vivent dans les périmètres ciblés pour l'exploitation doivent être déguerpies.

13 www.flexicadastre.com/dotnetnukerdc

En tant que démarche judiciaire, le processus de déguerpissement parait moins approprié dans ce contexte car sa logique ne vise qu'à protéger l' « ayant droit » et non à maintenir la paix entre les acteurs. A cet effet, la mesure de déguerpissement à l'endroit des artisans miniers de Kadumwa et Lukungurhi risquerait d'une part, d'attiser la violence dans une zone à forte potentiel de conflictualité, et d'autre part, de violer les droits humains des citoyens concernés et les droits de la communauté.

Le processus de déguerpissement pourrait être envisagé pour des cas de résistance après des processus réussis de délocalisation-relocalisation et de nouvelles alternatives professionnelles en faveur des artisans miniers artisanaux.

### 6.2. Délocalisation – relocalisation

La délocalisation-relocalisation constitue un processus qui non seulement oriente les exploitants miniers artisanaux vers de nouveaux sites d'exploitation mais aussi créer les conditions environnementales d'organisation de la vie sociale (installation, aménagement territorial, symboles, etc.). La délocalisation-relocalisation ne devrait pas concerner le déplacement des activités d'exploitation artisanale, et partant de seuls exploitants mais plutôt des populations entières vivant sur les sites de Kadumwa et Lukungurhi. En effet, la délocalisation exclusive des activités pourrait entrainer de nouveaux conflits fonciers et augmenter le degré de vulnérabilité sociale et économique des artisans miniers.

D'après des réflexions antérieures[14], le processus de délocalisation fait par Twangiza Mining dans cette entité n'ont pas tenu compte des intérêts socioéconomiques et culturels des populations délocalisées. Le cas le plus cité est la délocalisation de Mbwega présentée sous une facette d'échec par une étude récente de la Maison des Mines du Kivu[15] et corroborée par cette recherche.

---

14 A titre d'exemple on peut citer la réflexion de LDGL conduite par Christophe BABWIRIZA et Antoine BALIAHAMWABO en 2009 sous le titre « L'exploitation des minerais par la société BANRO dans la Collectivité-Chefferie de Luhwinja / Territoire de Mwenga au centre des violations des droits humains »

15 Lire à ce sujet le rapport de recherche cité plus haut réalisé par Maison Des Mines au Kivu.

La délocalisation-relocalisation doit tenir compte des paramètres sociodémographiques, économiques, culturels et environnementaux qui vont favoriser une installation réussie des populations déplacées. Certaines étapes sont à respecter dans le processus, à savoir :
- Identification des populations à délocaliser : Etablir sur base d'une étude, leurs profils sociodémographiques
- Identification de nouveaux sites et déterminations de leurs potentialités environnementales
- Aménagement territorial des sites
- Sensibilisation des populations à délocaliser
- Déplacement et réinstallation des populations

La sensibilisation des populations à délocaliser joue la fonction communicationnelle et conscientisant en amont comme en aval du processus. Dans cette zone, les informations sont diversement communiquées, et peuvent constituer la source de résistance[16] selon le que les acteurs sont mal informés, sous informés ou pas du tout informés. Il conviendrait de garantir l'efficacité du processus en mettant en place un dispositif d'information-sensibilisation pour atténuer le déséquilibre né de la délocalisation et attirer une adhésion sociale au processus. La sensibilisation doit valoriser l'approche participative de la communauté.

Selon cette perspective, la délocalisation-relocalisation n'a pas forcément pour effet de maintenir l'exploitant minier artisanal dans son métier car il peut se décider de réorienter son mode professionnel vers d'autres activités si le nouveau site n'offre pas les mêmes potentiels et opportunités miniers. Ce processus a pour contrainte majeure l'insuffisance des terres pour créer des nouvelles zones d'exploitation artisanale en dehors des concessions de Banro corporation.

## 6.3. Nouvelles alternatives professionnelles

Le processus de nouvelles alternatives professionnelles consiste à orienter les exploitants miniers artisanaux vers des emplois autres que l'artisanat minier. La mise en œuvre de ce processus exige au préalable des réponses

---

16 La résistance relevée au chapitre 5 de cette étude prouve à suffisance que les populations devraient être informées et sensibilisées davantage.

appropriées aux aspects suivants : les types et les opportunités d'emplois dans le milieu, les compétences des artisans miniers, les préférences d'activités professionnelles, stabilité et rentabilité des emplois. Trois étapes peuvent être suivies dans ce processus :

- Préparation des artisans miniers : échanges, sensibilisation
- Formation pour les nouveaux emplois
- Réorientation professionnelle : Remise des moyens financiers ou des kits pour des activités professionnelles libérales, recrutement pour des emplois salariés.

Selon les enquêtes menées (voir chapitre 5), les artisans miniers de Kadumwa et Lukungurhi favorables au processus de nouvelles alternatives professionnelles préfèrent deux activités : le commerce et le recrutement par Twangiza Mining (Banro Corporation).

Le processus de nouvelles alternatives professionnelles pose trois défis majeurs : le manque des compétences spécialisées chez les artisans miniers pour un recrutement dans les emplois rémunérés, le nombre élevé des artisans miniers (demandeurs d'emplois) et le maintien des ménages des artisans miniers dans les zones d'exploitation industrielle.

La mise en œuvre de cette perspective pour une économie minière de paix à Luhwinja repose sur certaines recommandations pratiques formulées ci-dessous :

### A l'Etat Congolais
- ✓ Faciliter la création des Zones d'Exploitation Artisanale en faveur des exploitants miniers artisanaux de Kadumwa et Lukungurhi.
- ✓ Engager un dialogue envue de leur délocalisation, relocalisation, reconversion ou reclassement.

### A la société TWANGIZA Mining
- ✓ Engager un dialogue social avec les exploitants miniers artisanaux de Kadumwa et Lukungurhi pour aplanir les différents avec l'accompagnement de la société civile représentée par certaines organisations intéressées aux conflits miniers.
- ✓ Accompagner la mise en place d'un cadre de dialogue sous forme d'un forum de développement composé de la chefferie, les exploitants miniers artisanaux, les propriétaires terriens, les

leaders communautaires, CODELU, les chefs des confessions religieuses, société civile locale et les chefs locaux. Ce Forum de développement aura pour mission d'assurer la mise en œuvre de la feuille de route élaborée après la table ronde mais aussi de mener les plaidoyers pour sa matérialisation.
- ✓ Respecter les conventions prises dans le cadre de l'indemnisation des exploitants miniers artisanaux

## A la société civile
- ✓ Mener un plaidoyer pour l'ouverture des Zones d'Exploitation Artisanale à Luhwindja et/ ou ses environs en faveur des exploitants miniers artisanaux.
- ✓ Accompagner le processus de dialogue entre toutes les parties prenantes pour une économie de paix à Luhwindja.
- ✓ Accompagner le processus de délocalisation, relocalisation, reconversion et repositionnement des exploitants miniers artisanaux de Kadumwa et lukungurhi.
- ✓ Faire la cartographie des acteurs importants dans le secteur minier artisanal.

## Aux creuseurs
- ✓ De coopérer et participer au processus de délocalisation, relocalisation, reconversion et reclassement.

## A l'Etat Congolais
- ✓ Faciliter la création des Zones d'Exploitation Artisanale en faveur des exploitants miniers artisanaux de Kadumwa et Lukungurhi.
- ✓ Engager un dialogue envue de leur délocalisation, relocalisation, reconversion ou reclassement.

## A la société TWANGIZA Mining
- ✓ Engager un dialogue social avec les exploitants miniers artisanaux de Kadumwa et Lukungurhi pour aplanir les différents avec l'accompagnement de la société civile représentée par certaines organisations intéressées aux conflits miniers.
- ✓ Accompagner la mise en place d'un cadre de dialogue sous forme d'un forum de développement composé de la chefferie, les exploitants miniers artisanaux, les propriétaires terriens, les

leaders communautaires, CODELU, les chefs des confessions religieuses, société civile locale et les chefs locaux. Ce Forum de développement aura pour mission d'assurer la mise en œuvre de la feuille de route élaborée après la table ronde mais aussi de mener les plaidoyers pour sa matérialisation.
- ✓ Respecter les conventions prises dans le cadre de l'indemnisation des exploitants miniers artisanaux

**A la société civile**
- ✓ Mener un plaidoyer pour l'ouverture des Zones d'Exploitation Artisanale à Luhwindja et/ ou ses environs en faveur des exploitants miniers artisanaux.
- ✓ Accompagner le processus de dialogue entre toutes les parties prenantes pour une économie de paix à Luhwindja.
- ✓ Accompagner le processus de délocalisation, relocalisation, reconversion et repositionnement des exploitants miniers artisanaux de Kadumwa et lukungurhi.
- ✓ Faire la cartographie des acteurs importants dans le secteur minier artisanal.

**Aux creuseurs**
- ✓ De coopérer et participer au processus de délocalisation, relocalisation, reconversion et reclassement.

**Conclusion**

La présente étude a centré sa préoccupation sur les conflits qui oppose les exploitants miniers artisanaux et l'industrie minière extractive implantée par Twangiza mining dans les sites de Kadumwa et Lukungurhi en chefferie de Luhwinja au Sud-Kivu. Le profil sociodémographique des exploitants miniers artisanaux des sites de Kadumwa et Lukungurhi a servi de base de discussion empirique avant de dégager les avantages concurrentiels d'ordre sociologique, financier et symbolique à la base des conflits entre les deux types d'acteurs.

A travers la description et l'analyse des dimensions sociologiques et démographiques retenues, il y a lieu de remarquer que l'exploitation artisanale de l'or dans les deux sites est l'unique source des revenus qui permet de subvenir tant soit peu aux besoins vitaux de près de 16 800 personnes regroupées dans différents ménages dirigés par les artisans miniers. Leur moyenne d'âge de ce dernier est de 35 ans, et leur niveau de scolarité est trop faible (études primaires). L'exploitation artisanale de l'or dans les sites de Kadumwa et Lukunguri offre plus ou moins 1239 « emplois » directs. Deux statuts professionnels sont opérationnels : propriétaire et creuseur.

Les exploitants miniers artisanaux ont une conscience d'appartenance à la communauté locale non seulement du fait d'en être originaires pour la majorité mais aussi pour y avoir investi socialement (mariage et autres relations de parenté) et économiquement (champs, puits d'extraction d'or, bétail, etc.). Ainsi, les exploitants miniers artisanaux estiment avoir des droits sur leurs terres traditionnelles ne pouvant pas être aliénés par une exploitation industrielle légale soit elle. Certains exploitants miniers artisanaux sont disposés à quitter ces sites moyennant une indemnisation ou des alternatives d'emplois stables et rentables. D'autres, la majorité, préfèrent poursuivre leurs activités sur ces sites. La délocalisation semble être rejetée par tous les exploitants miniers artisanaux de Kadumwa et Lukungurhi.

Cette situation pose un dilemme dans la recherche de l'équilibre entre la protection des artisans miniers exposés à une plus grande vulnérabilité et des droits de la communauté locale ainsi que la protection des droits de Twangiza Mining. Les processus séparés ou concomitants de délocalisation-relocalisation et de nouvelles alternatives professionnelles semblent constituer une solution pour garantir la paix sociale entre les acteurs concernés par l'exploitation artisanale de l'or sur les sites de Kadumwa et Lukungurhi en Chefferie de Luhwinja.

Dans l'hypothèse d'une délocalisation des artisans miniers de Kadumwa et Lukungurhi, il faudra tenir compte de l'impact socioéconomique que cela pourrait entrainer car l'étude démontre que plus ou moins 35100 personnes vivent indirectement de l'activité minière artisanale dans la chefferie de Luhwindja sur une population de 95 000 en 2015[17].

Le défi à relever serait d'engager un dialogue inclusif entre toutes les parties prenantes pour une délocalisation apaisée susceptible de développer des alternatives compétitives capables de créer un équilibre entre l'exploitation minière industrielle et l'enjeu de la paix et du développement local. Ce dialogue n'est possible que s'il tient compte des facteurs endogènes et exogènes du système d'exploitation minier actuel à Kadumwa et Lukungurhi. D'où la nécessité d'une démarche participative, représentative et inclusive.

---

17 Statistiques Bureau Etat Civil, 2015, Chefferie de Luhwindja, Sud-Kivu RDC

# Bibliographie

BISHIKWABO CUBAKA « Le Bushi au XIXe siècle : un peuple, sept royaumes » in *Revue française d'histoire d'outre-mer*, tome 67, n°246-247, 1er et 2e trimestres 1980, pp. 89-98.

DEFAILLY, D., « L'économie du Sud-Kivu 1990-2000 : mutations profondes cachées par une panne ». In REYNTJENS, F. et MARYSSE, S. (éd.), *L'Afrique des Grands Lacs. Annuaire* 1999-2000, Paris, L'Harmattan, pp. 163- 192.

GEENEN, S., ET IRAGI MUKOTANYI, F., « Les grands poissons mangent les petits. » Les multiples aspects d'un conflit autour d'une concession minière au Sud-Kivu, République démocratique du Congo » in *Politiques africaines*, n°131, 2013, pp. 121-141.

GEENEN, S., KAMUNDALA, G. et IRAGI, F. « Le pari qui paralysait : la suspension des activités minières artisanales au Sud-Kivu » In REYNTJENS, F. et MARYSSE, S. (éd.), *L'Afrique des Grands Lacs. Annuaire* 2010-2011. Paris : L'Harmattan, pp. 161-183.

KAMUNDALA BYEMBA, G, Exploitation minière industrielle et artisanale au Sud-Kivu. Possibilités d'une cohabitation pacifique, Rapport de recherche, Anvers, 2012.

MAISON DES MINES DU KIVU, *Evaluation des impacts des investissements miniers de Banro corporation sur les droits humains en République Démocratique du Congo. Cas de la délocalisation des communautés locales par Twangiza Mining SARL dans la chefferie de Luhwindja au Sud-Kivu*, Rapport de Recherche, Bukavu, Mai-2015

P. Bonte, M. Izard, (dir.), *Dictionnaire de l'ethnologie et de l'anthropologie*, PUF, 1991, pp. 444-447.

UNITE DE PILOTAGE DU PROCESSUS DSRP, Monographie de la Province du Sud-Kivu, Kinshasa, 2005

www.flexicadastre.com/dotnetnukerdc

Loi n° 007/2002 du 11 juillet 2002 portant code minier » in *Journal Officiel de la République Démocratique du Congo*, 43$^{ème}$ année, Numéro spécial, 15 juillet 2002.

Loi organique n° 08/016 du 07 octobre 2008 portant composition, organisation et fonctionnement des Entités Territoriales Décentralisées et leurs rapports avec l'Etat et les Provinces » in *Journal Officiel de la République Démocratique du Congo*, Numéro spécial, 10 octobre 2008.

Constitution du 18 février 2006 telle que modifiée par la Modifiée par la Loi n° 11/002 du 20 janvier 2011 portant révision de certains articles de la Constitution de la République Démocratique du Congo du 18 février 2006 » in *Journal Officiel de la République Démocratique du Congo*, Journal Officiel de la République Démocratique du Congo, 52$^{ème}$ année, Numéro spécial, 15 février 2011.

**Annexes**

I ZONE D'ETUDE : CARTE DE LUHWINJA